美國國安會簡史

History of National Security Council
1947-1997

曹雄源

譯序

美國「國家安全會議」（簡稱國安會）之成立主要依據 1947 年 7 月 26 日「國安法」，並以總統為主席，國務卿及國防部長為主要成員，進行國防與外交政策的協調。「國安會」運作模式深受總統管理風格及當時國際事件影響。例如，在杜魯門總統時期，「國安會」是由國務院主導；艾森豪總統時期則較偏好軍事參謀體系；甘迺迪及詹森總統則喜好非正式的顧問密會；尼克森與福特總統時期則倚重「國安會」並擴大其幕僚編制；卡特總統時期則以國家安全顧問為外交事務主事者；雷根總統時期強調聯合政府的重要，老布希總統時期將其豐富的外交政策經驗帶入「國安會」；柯林頓總統時期則強調「國安會」聯合決策機制的重要性。從美國杜魯門總統以降的十位總統，對於「國安會」的運用殊異，然隨著時代的進步，決策模式更趨多元，故未來「國安會」在美國整個安全決策機制上，所扮演的角色將與日俱增。

本書——《美國國安會簡史》，簡要介紹美國

美國國安會簡史

1947-1997年間，整個美國安全決策機制的運作模式，當中有部會、個人權力的爭奪，也有協調合作達成任務的案例。此簡史由國務院歷史辦公室所撰，除了可讓研究美國的學者重溫權力運作的梗概，同時也可讓初入相關領域的學子，對美國權力運作的方式有一個清晰的輪廓。換言之，從本書認識「國安會」的組織運作，有助於了解美國國防與外交政策形成的關鍵。本書的特色是內容精簡、淺顯易懂，可作為相關領域教科書的輔助教材。

鑒於本書的可讀性，可提供國內國際關係、政治與戰略研究社群之研究參考，在此譯著付梓之際，提供譯者心得，並期望本譯著能對於相關領域之後續研究，收拋磚引玉之效。

國防大學管理學院少將院長
曹雄源　謹識
中華民國101年2月

目錄

譯序 …………………………………………… i

摘要 …………………………………………… 1

杜魯門政府(Truman Administration) ………… 7

艾森豪政府(Eisenhower Administration) …… 15

甘迺迪政府(Kennedy Administration) ………… 25

詹森政府(Johnson Administration) …………… 33

尼克森政府(Nixon Administration) …………… 41

福特政府(Ford Administration) ……………… 47

卡特政府(Carter Administration) ……………… 49

雷根政府(Reagan Administration) …………… 57

布希政府(Bush Administration) ……………… 67

柯林頓政府(Clinton Administration) ………… 69

附錄　總統國家安全事務助理 ……………… 75

美國國安會簡史

一、摘要

自第二次世界大戰結束後,美國每一任期的政府均尋求發展可靠且完善的行政體系,以處理國家安全政策。每一位總統試著防止重蹈其前任者在爭端與能力不足的覆轍,俾建立一套政策制定與協調制度來反映個人管理風格。國安會 (National Security Council, NSC) 已成為外交政策協調體系的中心,然而,國安會仍不斷變革以符合每一繼任總統之需求及偏好。

國安會之設立係依據 1947 年 7 月 26 日的《國安法》(National Security Act),並以總統為主席,國務卿及國防部長為主要成員,進行外交與國防政策的協調,並調解有關外交與軍事的承諾及需求。這一重要法規也提供國防部長、國家軍事機構、中情局與國家安全資源委員會的行事依據。國安會初始成立之展望,是協調政、軍爭端;很快地,各部會了解該會只為總統相關政策服務,而國安會原先為促進部會間之聯合領導的角色,也成為繼任總統運用作為掌握與管

理競爭部會之一種方法。

　　國安會的結構與運作極仰賴總統、核心幕僚與部會首長間的互動，除了個人情誼，合宜的團隊結構也必須存在，才能確保資訊的流通及決策的執行。雖然國安會常設幕僚漸漸形成，但是主要的工作仍在各部會。

　　在杜魯門總統時期，國安會是由國務院主導，艾森豪總統時期則較偏好軍事參謀體系，因而讓國安會依循上述模式發展。為監督政策的執行，國安會幕僚協調一個複雜的組織，其執行秘書 (Executive Secretary) 成為總統的助理，但儘量低調以避免與強勢的國務卿杜勒斯 (John Foster Dulles) 衝突。

　　甘迺迪總統最初尋求一個強勢的國務卿來掌理外交政策的制定，但當他發現國務院無足夠權力指揮各部會時，遂改採其他策略。甘氏較喜歡採任務編組來制定政策，解散艾森豪總統時期國安會複雜的機制，以及以國安事務特別助理與其幕僚擔任主要的協調角色。甘氏不受拘束的風格有助於消除政策制定與執行

一 摘要

的分野，而這樣的分野曾是艾森豪總統所屬參謀群小心謹慎遵守的模式。

詹森總統與甘迺迪總統一樣，喜好非正式的顧問密會。詹森總統進一步讓國安會組織萎縮，如其前任者，詹氏仍依賴其國家安全顧問、幕僚、各式各樣的任務編組及信任的朋友，但詹氏也定期與「星期二午餐小組」(Tuesday Lunch Group) 諮詢，並於 1966 年將關於海外跨部門事務之監督與協調責任移交國務院，這樣的作法也產生了許多不同的結果。

在尼克森與福特總統時期，季辛吉擴大國安會幕僚編制，首重獲取各部門的分析資料，此將使國家安全顧問提供可能的選擇方案，以利總統進行決策。此一制度完全符合尼克森總統對詳細書面文書的偏好，而不是以往私人關係為主的編組。季氏專注於某些主要議題並容許移交國務院之對外事項給其他部門，對於有關武器及國際金融爭端，則由國防部與財政部處理。起先，季氏也試圖恢復政策制定與執行的分野，但最後發現自己也扮演兩種角色。

在卡特總統時期，國家安全顧問成為外交事務想法的主要來源，國安會幕僚的雇用與管理即依此概念，國務院則是提供相關訊息背景資料與擔任行動的協調者。有些人視這樣的雙重角色為「行動主義—保守主義」(activism-conservatism) 二元性的呈現，而其所引起的緊張情勢，最後也由媒體所凸顯。國家安全顧問的角色是公務的擁護者，而不是令國務院與其他部會關係日益惡化的監護人。

共同參與政府決策的方式在雷根總統時期受到重視，國家安全顧問的角色受到弱化，總統幕僚長則是負責白宮內協調的角色。這一由強勢部會首長所組成的聯合領導方式並未成功維持，衝突因而變得白熱化，此時國安會幕僚意圖變身成為獨立及有競爭能力的組織。

布希總統將其豐富的外交政策經驗帶入國安會，並恢復部會首長的聯合領導關係。他重組國安會使其涵蓋主要委員會、代理委員會及八個政策協調委員會。國安會對於蘇聯解體、兩德統一與美軍在伊拉克

一 摘要

及巴拿馬等地的兵力部署,扮演一個有效率的角色。

柯林頓政府持續強調國安會以此聯合決策機制處理國家安全事務的重要性,國安會的成員擴編包括:財政部長、美國駐聯合國代表、總統經濟政策助理(渠為新成立的國家經濟委員會首長,亦稱國經會,與國安會為平行機構)、總統幕僚長及國家安全顧問。

五十年來,十位總統追求以國安會體系整合外交及國防政策,以期維護國家安全及增進美國海外利益。過去數十年國安會組織的重複修正,反映總統管理風格、轉變的需求與個人的人際關係。

美國國安會簡史

二、杜魯門政府 (Truman Administration, 1947-1953)

　　國安會於 1947 年 7 月 26 日依據國家安全法 (Public Law 80-253) 而成立，為美國國家安全機制重組之一部分。贊成改組者意識到當時並無能夠協調外交及國防政策的組織存在，且體認到羅斯福總統和杜魯門總統於戰時以及戰後期間的非正式管理技術，就長期而言無法符合需求。「國家—戰爭—海軍協調委員會」 (The State-War-Navy Coordinating Committee, SWNCC) 在 1944 年以助理部長層級所組成。1945 年間，國務卿、戰爭部長及海軍部長開始舉行每週會議，羅斯福總統較信任其白宮助理如霍普金斯 (Harry Hopkins)、海軍上將李希 (William D. Leahy) 來執行每日必須的協調工作，杜魯門總統有時也依靠白宮特別顧問克里福特 (Clark Clifford)，提供如霍普金斯—李希方式之個人協調。克氏對各單位於戰後主要政策的決定自行其事深感氣餒，渠也是建立國安會使國家安全政策制度化的主要人物。

　　1947 年通過的《國安法》確立國安會的角色，其

主席由總統擔任，固定成員共七名：總統、國務卿、國防部長、陸軍部長、海軍部長、空軍部長及國家安全資源委員會主席，總統可隨時指派其他行政部門之部長、軍需品委員會主席及研究發展委員會主席參與會議。儘管新成立的中央情報局須向國安會報告，中情局局長卻不是當然成員，而是以觀察員及顧問名義參與會議。

1947年之《國安法》對國安會功能有一概述：整合關於國家安全之內政、外交與軍事政策，以及促進各單位的合作並向總統建議。依總統指導，國安會可衡量及評估美國國家安全的風險，考量政策，然後向總統報告或給予建議。依據此法，國安會成立部分固定幕僚，是經由總統任命的文職執行祕書來領導。無論是1947年的《國安法》或後來之修正法，都未規範國家安全顧問的職務。最初，固定編組之國安會幕僚在形成國家安全政策上並沒有具體的角色，更不用說執行國家安全政策。

除了明訂提供政策制定的建議，國安會也擁有其他的功能。對於當時反對單一強勢國防部的海軍部長佛瑞斯托 (Forrestal) 及海軍而言，國安會卻能提供海

二 杜魯門政府

陸空三軍最高層次的協調,而不須任何的整合與統一。對於國防官員來說,是確保在平時制定相關內政與外交政策時,軍方的聲音能持續受到重視。對於其他單位,特別是國會,對杜魯門外交政策經驗及其一般能力產生不信任者,國安會提供逐步形成聯合決策機構,以期強化總統角色。

杜魯門對於隱含的批評及對其作為行政最高首長的妒忌相當敏感,他不喜歡國會立法選擇向他建議相關國家安全事務的對象(此指國安會),因此任期的前三年,都與國安會保持距離。1947年9月26日他參加國安會的第一次會議,而在其後的55次會議僅出席了10次。杜魯門持續依賴連續數任的白宮私人顧問(如George M. Elsey、海軍少將Robert Dennison和W. Averell Harriman)協調主要外交政策事務。

最初,杜魯門任命國務卿在其缺席時為國安會首席代理人,以及期望國務院扮演形成政策建議的主要角色,此一決定令國防官員很挫敗,他們原先期望總統缺席時,是由國防部長主持會議及分派國安會幕僚至國防部,而克里福特也進一步阻止國防部長佛瑞斯托掌控國防部。

在杜魯門總統主政期間國安會相關程序的建立，律定基本官僚型態，持續至艾森豪總統：國安會文件主要由國務院政策計畫的幕僚起草，並在會議中討論，由總統批准交國安會執行並分送相關部分至有關部門。國安會成立後最初幾年，歷經幕僚與集會毫無章法，有時甚至完全置之不顧，國安會的執行祕書對於參謀作業過程絲毫沒有權力與影響力。

1949年時，國安會被改組，杜魯門指示財政部長參與各種會議，國會則修訂1947年之《國安法》，解除三軍部長參與國安會議的職責，並增加副總統擔任第二順位代理人，而參謀聯席會議主席成為國安會的常設顧問。國安會常委會的設立主要是處理諸如敏感的國內安全事務，國安會幕僚由三個部門組成：執行祕書及其幕僚負責文書流程；參謀對於政策研究與建議（由國務院協調官所領導）；以及執行祕書之諮詢人員，渠等擔任各部門在國安會有關主要政策及作業計畫人員的代表。

即使杜魯門在1949年徹底檢視此一機制，國安會仍未達成原來期望的角色，對此杜氏必須負起部分責任。他堅持尋求體制外管道提供有關國家安全建議，

二 杜魯門政府

渠主要依靠國務卿、國防部長及預算局 (Bureau of the Budget)。因參與國安會成員日益增加,使國安會充分討論空間遭到壓縮,並且漸漸淪為官僚體系鬥爭的場所,國安會的職權線 (lines of authority) 從未明確且逐漸模糊。杜魯門參與國安會議的次數雖然不多,但是國安會成員會私底下向他表達自己的觀點。

1949 年所發生的幾大事件,強化了國家安全政策協調的需求:北約形成、軍事援助歐洲展開、蘇聯引爆原子彈及共產黨赤化中國。國務院把握機會檢視美國戰略政策及軍事規劃,比對手國防部長強森 (Louis Johnson) 及其在預算局的盟友略勝一籌。國務院在初期時迴避國安會的正式管道,並獲得由政策計畫首長尼茲 (Paul Nitze) 所領導之跨部門委員會任務編組的支持。他們所主導的報告《國安會 68 號》(NSC 68),於 1950 年直接呈給杜魯門總統,由杜氏交付國安會做成本分析。國安會某組委員會被授權針對《國安會 68 號》在執行前,考量成本及其較大範圍的意涵,但在《國安會 68 號》完成以前,韓戰爆發。

韓戰徹底改變杜魯門總統時期的國安會功能。之後,國安會於每星期四召開,杜魯門總統在其後之 71

次會議中只缺席過 7 次。杜魯門指定之法定出席人員尚包括財政部長、參謀聯席會議主席、中情局長、兩位特別顧問（Averell Harriman 和 Sidney Souers）及國安會執行祕書。

除了祕書處保留外，幕僚及諮詢人員被解散，以利助理部長或較高階層資深幕僚之任命。杜魯門再三強調國安會為所有重要國家安全建議的渠道。韓戰第一年，國安會與杜魯門互動密切以履行其角色；雖然，杜魯門照舊尋求國安會正式機制以外管道之報告與建議，他仍然依賴國安會對部會間人事與協調之觀點為主要的建議。

杜魯門於 1950 年末及 1951 年對國安會其他組織做出調整，渠指示新成立的「國防動員辦公室」(Office of Defense Mobilization) 署長參加國安會議，並安排讓他成為資深幕僚成員。依 1951 年之《共同安全法》(Mutual Security Act)，新成立之「共同安全局長」哈里曼 (Harriman, Director for Mutual Security) 成為法定成員，並有權任命資深幕僚。預算局派代表出席部分資深幕僚會議。1951 年「心理戰略委員會」(Psychological Strategy Board, PSB) 由副國務卿、副國

二 杜魯門政府

防部長與中情局局長組成,其成立目的是對蘇聯非傳統冷戰戰術回應的協調,「心理戰略委員會」與國安會密切合作,以處理美國祕密心理反制攻擊。杜魯門總統退休時拒絕承認關於「斗蓬與匕首作戰」(Cloak and Dagger Operations),但此祕密情報作戰行動在其任期中,曾廣泛執行以支援外交政策目標。「國安會第一行動」(NSC 1/1) 同意義大利選舉的祕密行動;祕密行動正式制度化,是在國安會 1947 年 12 月「國安會 4」(NSC 4) 及 1948 年 6 月「國安會 10/2」(NSC 10/2) 所建立。

在杜魯門總統任內最後一年,國安會與資深幕僚會面次數越來越少,而國安會本身活動也相對減少,許多在國安會預定的跨部門計畫在杜魯門任期結束時仍沒有完成。在這一段時間,國安會所反映的是杜魯門總統的挫折感及身陷戰爭困境的無力感。

美國國安會簡史

三、艾森豪政府 (Eisenhower Administration, 1953-1961)

在艾森豪總統時期,國安會體系進展成為總統在制定及執行有關軍事、國內與國際安全政策的得力助手。杜魯門總統對於國安會體系之存在相當敏感,只有在韓戰壓力下才定期運用,而艾氏支持國安會的概念,並且成立一個整合政策檢視的組織體系。以其軍事背景,艾氏對於細膩的參謀作業有強烈的傾向,並且相信有效率的計畫,包含一個具有創造性的討論過程及顧問間之辯論,使行事趨於一致。

新國安會體系的起源是卡特勒 (Robert Cutler) 在 1953 年 3 月上呈總統的報告,其成為總統有關國家安全事務的特別助理。卡氏提出一個關於建議、決策、執行的系統流程,此一流程後來稱為「政策山脊」(policy hill)。在山脊的底層,有關單位如國務院與國防部,對於特定議題起草政策建議草案,以及在單位層級達成共識;這些國安會報告的草案,透過計畫委

員會沿山脊向上呈送。國安會計畫委員會之成立，主要是在國安會做出全面考量前，進行檢視及修正建議，此一委員會由固定單位或常駐代表單位助理部長層級的官員，以及由聯參會議主席與中情局顧問所組成，於每星期週二及週五下午召集會議。委員會花費上百個小時，替國安會檢閱並修改提案。1958年卡特勒因過度勞累辭職，外交政策制定山脊的頂峰即為國安會本身，由總統所領導，於每週四早上定期會面。

國安會由五個法定成員組成：總統、副總統、國務卿、國防部長及國防動員辦公室主任。依討論主題而定，人數最多時亦含其他內閣成員與顧問與會，包含財政部長、聯參會議主席與中情局長等出、列席。議程包括中情局長對於全世界發展影響美國安全之例行簡報，以及計畫委員會所呈之政策報告的考量，討論結果作為總統相關國安會行動方針之建議。國安會相關方針由與會總統背書通過，其決策向下由作業協調委員會執行。

艾森豪總統成立「作業協調委員會」(Operations

Coordinating Board, OCB),以完成所有國安會的決議。此一委員會於每週三下午在國務院舉行定期會議,並由國務院主管政務之副國務卿、國防部副部長、中情局長、美國新聞署署長(美國新聞署一度改名為國際通信署;雷根總統於1982年將名稱改回)、總統國家安全事務及安全行動協調特別助理組成。作業協調委員會為國安會協調與執行部門,幫助全面完成國家安全政策。國安會的行動文件交付「作業協調委員會」下某一組持續完成,其成員來自各國專職各領域的專家,成立超過40個跨單位工作小組;「作業協調委員會」中24人的編組支持這些工作小組,而來自不同部門的官員因而展開首次合作。

「總統國家安全事務特別助理」(The President's Special Assistant for National Security Affairs) 這一職位於艾森豪總統時期,分別由卡特勒、安德森 (Dillon Anderson)、傑克森 (William H. Jackson) 及葛雷 (Gordon Gray) 擔任,監督建議的流程與決策形成的過程,使國安會議運作順暢,並向國安會呈報簡報與總

結討論。特別助理是決策體系一位重要的推動者，但其不像甘迺迪總統任期的國家安全顧問，在決策過程中並沒有具體的權力。特別助理權力下的國安會幕僚在艾森豪政府時期日益重要，但也再一次顯示其在決策過程中並無自主的角色。

艾森豪總統對於祕密行動的成效非常有信心，此祕密行動是作為正式外交政策活動有力的增補與替代方案。1953 年推翻伊朗民粹主義領袖摩薩德格 (Mossadegh)，以及 1954 年推翻瓜地馬拉左傾總統的阿班茲 (Arbenz)，這些表面上看似成功的政治操作行動，其實都是白宮在危機重重時的傑作。1954 年「國安會 5412」(NSC 5412) 提供成立一個指定代表總統、國務卿與國防部長的委員會，以定時會晤檢視及建議祕密行動。葛雷擔任「5412 委員會」(5412 Committee) 主席，後來所有國家安全顧問也都擔任其他類似委員會之主席一職，其名稱有「303」、「40」、「特別協調委員會」(Special Coordinating Committee) 等，在其他後繼總統任內，掌理中情局祕密行動的覆審權。

三　艾森豪政府

　　艾森豪也設立幕僚祕書 (staff secretary) 的職務，以負起檢查呈總統所有外交政策與國防文件的責任，當古德佩斯特 (Andrew Goodpaster) 上校擔任此職務時，其試著弱化國家安全事務特別助理的角色。

　　艾森豪總統時期國安會體系的能力，是提供正規、全體幕僚、部會間主要外交與國家安全議題的檢視，最終至政府最高層之討論與決策中；此結果使總統批准文件時，也能提供所執行每一階段的政策指導。艾氏覺得此正規的政策討論利於使他的主要顧問都能完全進入狀況，彼此能同步一致，並在危機時能做出適切的回應。艾氏對於體系的承諾，是能參加主持每一場國安會議（在 366 場的會議中，艾氏出席了 329 場），而國安會所召開的會議，包含先前的簡報及國安會後續行動的覆審，為其每週議程之最大單一項目。

　　在另一方面，國務卿杜勒斯 (Dulles) 對於國安會體系持保留態度。在艾森豪總統內閣中，杜氏的個人特質是最強勢的，並謹慎捍衛其作為總統外交政策的

主要顧問一角。他經常直接面對總統,且不認同將某些最敏感的議題在國安會眾人參與下進行討論。他劃出國安會政策審視過程及日常外交政策運行的一條明顯界線,作為國務院的保留範圍。杜氏及其副手並不滿意國安會覆審制度範圍,賦予另一位在內閣中強勢的財政部長韓福瑞 (George Humphrey),強行將預算限制列入政策考量;杜氏也成功拒絕以副總統代替國務次卿成為作業協調委員會主席的提議,主張此一調整將會與其作為總統外交政策的主要顧問相衝突。

艾森豪國安會體系的批評者,聲稱此一機制僵化、冗員過多與無法預判並反應當前的危機,並且因委員會對一連串次要政策考量所提出的繁文縟節而士氣萎靡。對此體系的全面批評起於 1960 年參議院「國家政策機制」的次委員會所舉行的聽證會,即由參議員傑克森 (Henry Jackson) 所主持的「傑克森次級委員會」(Jackson Subcommittee)。卡特勒與國安會執行祕書雷 (James Lay) 作證支持此體制的效能,但他們的證詞遭到前任杜魯門總統時期的官員如:坎南

三 艾森豪政府

(George Kennan)、尼茲 (Paul Nitze) 與羅威特 (Robert Lovett) 等官員的反駁。渠等辯稱外交政策由受到國安會左右的被動總統所制定，在繁冗及官僚機制下，此體制實際無用武之地。基本上那些官員表示，國安會這個大型院會，具有所有委員會的弱點：成員來自各單位代表，其無法自由吸收總統所期望的見識寬廣及政治家的風範；他們是各部門所屬的代表，所以所堅持的是部門看法而不是國家觀點。批評者補充更有甚者，由於國安會本質使然，無法持續及發展已經確立的政策，所以無力產生新的想法或重要的革新。批評者建議以一個較小、較非正式的國安會，取代正式的超制度 (over-institutionalized) 組織，此可提供總統對於幾項主要問題，在數個替代方案中找到一個明確選擇。

艾森豪絕對不是一個被動的總統，任由國務卿主導外交政策及國家安全議題，實際上，艾森豪積極指揮施政，而國安體制恰好符合其意願與需求。批評聲浪的其中一點為艾森豪時期的國安會，在某種程度上

變成僵化官僚體系的俘虜,但批評者卻忽略了艾森豪及杜勒斯不會試圖以國安會機制,處理迫切的危機及日常外交政策。檢視艾森豪政府所面對某些主要外交政策的問題,顯示國安會體系只用於其中部分問題之處理,而某些問題實際上並沒有經過國安會。當問題涉入各部會與政策辯論僵持不下時,如 1956 及 1957 年國務院及國防部,對於是否引進更現代化的武器至韓國的辯論,國安會展開辯論並在三份草案文件討論後提出一致決定。

然而如 1956 年的蘇伊士危機 (Suez Crisis)、1955 年與 1958 年近岸島嶼危機 (Off-shore Island Crisis) 及 1958 年的黎巴嫩危機 (Lebanon Crisis),卻是透過艾森豪、杜勒斯與主要顧問間的電話溝通,以及與總統在白宮的小型會議中處理;正常狀況下國務卿杜勒斯與相關顧問也會參與。艾森豪總統有時利用可靠的國安會幕僚如古德佩斯特上校作為中間人,以獲得指揮鏈外之訊息,如 1955 年金門危機 (Quemoy Crisis) 即為一例。除了艾森豪總統期間,任務編組未將國家

三　艾森豪政府

安全顧問納入與會成員外，此危機處理的模式與後來歷任總統如甘迺迪、詹森與尼克森等總統採用的有極大相似之處。如果危機處理的層面依賴與主要人物的接觸，就如 1958 年副國務次卿墨菲 (Robert Murphy) 被派往黎巴嫩嘗試解除危機一樣，其指示來自國務院，他需要向國務卿報告，而不是向白宮負責，此成為越戰高峰時期的運作慣例。

當艾森豪總統向新任總統甘迺迪簡報國安會體系，以及當葛雷向其繼任者邦迪 (McGeorge Bundy) 簡報時，他們都強調國安會機制在處理外交政策與國家安全事務的重要性。假使他們能指出國安會體系本來只用於政策檢視之實，而非危機處理及日常外交政策之執行，可能會更具說服力。

美國國安會簡史

四、甘迺迪政府 (Kennedy Administration, 1961-1963)

甘迺迪總統深受《傑克森次級委員會報告》及對艾森豪總統時期國安會體系嚴厲批評所影響,在其就任之初,即快速解析國安會的程序及簡化外交政策制定過程,並使新作法與總統的關係更緊密。在甘迺迪這位新任總統就任後沒有多久,便開始裁減幕僚從 74 員至 49 員,限定其實際參與官員為 12 員,降低會議舉行次數的同時大力刪減與會官員人數。

行動協調委員會遭到解散,而國安會也在總統堅持下從監督政策執行退出,對於外交政策決定的協調則全面交給國務院(必要時交付其他單位)。

邦迪被任命為總統國家安全顧問,延續從前到現在的方式就任其職。邦氏對於責任與權威的定義在甘迺迪政府時期開展及擴大,其卓越超群的智能、幕僚能力及其與總統的私人關係,對於國家安全顧問角色演變及國安會的新局面貢獻很大。邦迪於 1961 年 9

月給參議員傑克森 (Senator Jackson) 的信上,尋求他就任初期與國務院關係之定義。

> 「……總統已清楚表達在他與國務卿之間,不要有一個龐大且分離的組織,在權限與責任明確的國務卿身上也不要看到任何問題產生,此不僅在其部門如此,尚包括與外交援助與情報政策上相關的廣泛領域,以及政府代表協調所有我們對於其他國家的主要政策。」

國務院顯然無法有效協調政府部門對 1961 年初豬玀灣危機 (Bay of Pigs Crisis) 的回應,致使政府部門採一系列措施以提供總統較佳的單獨建言,其也激勵國安會重回監控完成政策的舞台。在此脈絡下最重要的一步,為 1962 年在白宮成立「狀況室」(Situation Room),此狀況室坐落於白宮西翼,即在邦氏辦公室旁之地下室,其與國務院及國防部有直接聯繫管道,也掌有與中情局的聯絡頻道。此狀況室使總統及其外交事務顧問,能同步掌握自海外回拍之電報。更重要

四　甘迺迪政府

的是，此狀況室讓邦氏及其國安會幕僚擴大他們涉入外交事務社群的國際活動，並且成為實質的「小國務院」(a little State Department)。

邦氏任職國家安全顧問時，將工作與其副手羅斯托 (Walt Rostow)，後來為凱森 (Carl Kaysen) 進行分工。當邦氏處理其立即的日常危機與許多歐洲事務，羅氏則置其重心於長程計畫，尤又以強調拉丁美洲事務 (Latin American affairs) 為主；凱森則強調外貿與經濟事務。這一部分在後來甘迺迪政府後半段時期，變得越來越重要。

除了邦氏與其國安會幕僚，甘迺迪總統也進一步從其他地方獲得關於外交事務的建言。1961 年初總統任命泰勒 (General Maxwell Taylor) 將軍作為其軍事代表和提供與政府各部門及國防與情報部門的聯絡，以建立起甘迺迪總統時期所面對的軍政議題。泰氏在甘迺迪政府所扮演的角色，就如海軍上將李希在羅斯福總統時代擔任的角色，泰氏向總統建言有關軍事事務、情報、冷戰計畫，並特別關注柏林危機 (Berlin

Crisis) 及印度支那 (Indochina) 持續發展的難題。泰氏與羅氏 1961 年末的印度支那行及其結論報告，促使軍事援助南越的決策，使得美國陷入無法脫身的困境。泰氏與總統關係密切，即使在其 1962 年離開時仍未被取代，然而 1962 年，甘迺迪總統任命前國務院國務次卿包爾斯 (Chester Bowles) 擔任其外交事務的特別顧問。包氏在其與國務卿魯斯克 (Dean Rusk) 的衝突中去職；包氏任職於白宮只是部分補償性質，他的任務似乎只是對於第三世界 (The Third World) 發展政策的建言，一年後其離開華府並奉派擔任駐印度大使。

國安會於甘迺迪總統任期內持續開會，但開會的頻率遠低於前任艾森豪總統，會議於其上任期間前 6 個月共召開 15 次，然後在隨後任期中平均每個月召開一次會議，其任內共召開 49 次會議。以往國安會每星期召開一次之規則，於邦迪 1961 年 9 月之報告時其形式已改變。某些國安會活動為規模較小及選定之「常委會小組」(Standing Group) 取代，此一小型國安會

四　甘迺迪政府

協調組織由國務院主管政務之國務次卿主持，其成員包括國防部副部長、中情局長及邦氏。該小組考量廣泛外交事務議題，前後共計開會 14 次，最後一次會議於 1962 年 8 月結束。此常設小組於 1963 年 4 月在邦氏主持下重新開始運作，另增加的成員包括司法部長、參謀聯席會議主席、財政部次長、美國新聞署署長及美國發展署署長，該小組在甘迺迪總統剩下的任期內共召集 14 次會議。

甘迺迪政府廢除艾森豪時期致力長期計畫之作法，轉而支持仰賴能在「危機處理」的環境下，正常運作的跨部門任務編組的工作小組。這些特別小組的領導人並不是直接來自國務院，而是來自其他部門或非外交事務小組中受信任的官員，其中包括治理越南及柏林等地反叛亂的特別小組。此小組由泰勒將軍領導，隨後由前國務卿艾奇遜 (Dean Acheson) 主持。「國安會行政委員會」(ExCom) 於 1962 年秋天成立以處理古巴飛彈危機，其成員較國安會少，並由總統擔任主席，包括副總統、國務卿、國防部長、財政部長、

司法部長（甘迺迪總統的弟弟）、中情局長、聯參會議主席及國家安全顧問邦迪。在飛彈危機成功度過後，「國安會行政委員會」後續會議雖仍以古巴為主題，然而在1962年10月至1963年3月後續的42次會議中，也討論了其他事務。

在甘迺迪總統任內的美國祕密行動 (covert actions) 及準軍事行動 (paramilitary activity)，一般都由國安會體系以外的單位執行。1961年初在豬玀灣失敗後，總統重組「5412委員會」(5412 Committee)，其如同特別小組監督祕密行動。此小組由國家安全顧問邦迪主持，新成員包括中情局長、聯參會議主席、國務次卿及國防部副部長，在甘迺迪總統任期前兩年，檢視及同意許多祕密行動計畫。甘迺迪總統也增加「總統情報顧問委員會」(President's Foreign Intelligence Advisory Board, PFIAB) 的職責，此委員會於1956年由艾森豪總統成立，甘迺迪總統與此委員會共開過12次會議，並與其成員經常協商，此委員會也檢視廣泛的情報事務及提出120項建議呈總統參用。

四 甘迺迪政府

實際上,邦迪全程參與決策,其與總統工作關係密切,甘迺迪總統對其能力及意見給予高度評價;他擔任主要的任務編組委員會及執行委員會,也參與國安會臨時的正式會議。對於強調邦迪過度曲解甘迺迪總統政策的形成是可能的。許多觀察家認為其謹慎公平將各部會的意見報告總統,即使他們的意見與邦氏自身相互衝突,他只有在甘迺迪總統特別問他時才會表達私人意見,邦氏的影響間接而非直截了當。本來,他擔任的是行政職務,而不是追求私人參與美國安全及外交政策。邦氏在擔任甘迺迪國家安全事務特別助理任職期間,最受矚目的是他領導一群非常有衝勁的總統幕僚,確信其工作是在維護總統的利益,提供他獨立的建言,以及領導一個頑強的官僚體系以達成總統政策。此外,對總統身旁行動積極的幕僚而言,邦氏是一條有效的管道。

美國國安會簡史

五、詹森政府 (Johnson Administration, 1963-1969)

國安會的正式角色並未因突然的權力轉移至詹森政府而產生太大變化,如甘迺迪一樣,詹森偏好規模較小、非正式的顧問會議,勝於由精心組織參謀所支援的大型國安會議。依據詹氏其中一位助手所言,其認為「國安會不屬於一個靈活的機構 (live institution),不適合將特定議題發展為決策。」除此之外,詹氏覺得國安會會議亦有洩密傾向,他曾經評論國安會成員像不能保守祕密的人,而其顧問也都持相同看法。國務卿魯斯克隨後的評論提到,他與國防部長麥納瑪拉 (Robert McNamara) 都不喜歡參與一堆人圍坐在房間的國安會討論,而且這類會議的洩密可能性是很大的。

雖然詹森總統對國安會的看法堪慮,他開始召集規律性會議,在其上任的頭 11 個月中,約每 2 個星期就召開一次會議。會議所處理的議題非常廣泛,但召

開時間相對短暫，而從 1964 年 5 月以後，大部分的會議內容都以簡報為主。隨著 11 月分的總統選舉接近時，詹森暫停國安會議，但在 1965 年初他改弦易轍，從 1965 年 2 月至 1966 年中，他召集的國安會議幾乎都是僅針對越南問題，會議不定時、不定期召開；在同年 2 月舉行了一連串的會議。部分與會者抨擊 1965 年間，詹森對於駐兵越南之決定未諮詢國安會意見，而僅將其視為「橡皮圖章」(rubber stamp)，通過先前的決策。在此時期的其他主要外交政策危機——1965 年 4 月與 5 月出兵多明尼加共和國 (Dominican Republic)，也未在事前與國安會討論。

當國安會正式顧問的角色解除，其支援角色也面臨相同命運。詹森總統視國安會幕僚為其私人幕僚，並且停止召開國安會常設小組會議；此為甘迺迪總統因處理計畫與行動難題召開的間歇會議。關於國安會官方記錄活動被迫中止，而《國安會行動備忘錄》(National Security Action Memorandum) 為甘迺迪總統成立以告知政府部門有關總統決策的應完成事項，

五　詹森政府

其文件發送頻率也較以往為少。甘迺迪總統在任近 3 年時間共發出 272 份《國安會行動備忘錄》，詹森總統於任期內的 1964 年發出 46 份、1965 及 1966 年共發出 35 份，而其在任最後 2 年僅發出 14 份《國安會行動備忘錄》。

詹森和甘迺迪一樣，不願意用國安會議作為意見提供管道，大力依賴其國家安全顧問：邦迪 (McGeorge Bundy) 任期至 1966 年 2 月，邦氏之繼任者羅斯托 (Walt Rostow) 服務至詹森任期結束。說實在的，學者觀察國安會從其成立至 1970 年代的演變，聲稱國家安全顧問及其白宮核心幕僚，漸漸擔任起一個較國安會官員更為顯著的角色，而詹森也如其前任總統甘迺迪一樣，扮演這樣發展的關鍵角色。然而單就詹森總統任期來觀察，一些他的顧問包含國務卿魯斯克及羅斯托堅決主張，國安會的顧問角色實為另一個組織負責執行，如「星期二午餐小組」；以及午餐會議實際上就是定期的國安會議。

比起制式的國安會議，小型且非正式的「星期二

午餐會」更獲詹森總統的喜愛。此外，午餐會議也迅速地掌握決策過程的重要地位，在國務卿、國防部長及國家安全顧問的支持下，「星期二午餐小組」於 1964 年 2 月至 9 月共會面 27 次。詹森總統於任期中共召集 160 次的「星期二午餐會議」，而此小組逐漸增加成員如總統的新聞祕書、中情局長及參謀聯席會議主席。與會者一致讚賞會議中「堅定的聯合領導意識」及全然坦率的機會，但其下屬則抱怨祕密及不拘禮節方式，在激勵坦率的同時，也使得他們難以替其長官準備適當會議資料，並且執行這些決策。

1966 年羅斯托接替邦迪擔任國家安全顧問，開始掌握如何有效運用正式的國安會，該會在當時已是奄奄一息。羅斯托建議詹森總統既不要假裝運用國安會議作主要決策，也不要集中於日常事務的運作，反之，其提議「正式預判式」(anticipatory type) 的會議，就如詹森總統在第一次會議所說，「對於複雜議題之討論在呈送自己（總統）作出決策前需要小心檢視。」國家安全會議在於輔助，而不是挑戰星期二午餐會主要

五　詹森政府

建言角色與國安顧問及其幕僚，國安會議應該針對平衡政府對於廣泛預判議題之考量，而不是壓縮議題及對越南問題漠不關心。如同國安會一個幕僚所言，國安會成員的召集是為了作出反思及具教育意義的討論 (reflective and educational discussions)，而不是達成決策的會議。

當詹森不再依賴「星期二午餐小組」、國家安全顧問及其小組幕僚的建言與支持，其轉向各類的任務編制小組及政府內外信任的朋友。舉例來說，在六日戰爭 (Six Day War) 爆發之後，詹氏以「國安會執行委員會」(NSC Executive Committee) 為模式，成立了「國安會特別委員會」(NSC Special Committee)，在古巴飛彈危機 (Cuban Missile Crisis) 期間召開會議以協調美國在中東的政策，持續數週之久。但這些安排均未完全取代艾森豪時代設立之「國安會計劃委員會」(Planning Board) 與行動協調委員會的功能。

1966 年 3 月詹森總統發布《國家安全行動備忘錄 341 號》(National Security Action Memorandum, NSAM

341) 企圖修正現況；此備忘錄為泰勒將軍獨創的觀念。《國家安全行動備忘錄 341 號》指定國務卿對於跨部會海外活動作出整體方向、協調與監督的官方責任，並成立一個由國務次卿主持的「資深跨部會小組」(Senior Interdepartmental Group, SIG) 機制，以及旗下一些「跨部會區域小組」(Interdepartmental Regional Groups, IRGs)，其由助理國務卿主持。但隨著步伐的加快，「跨部會區域小組」進入沉默期，從 1966 年 7 月底至 1967 年 7 月中只開了三次會，部分反應國務次卿凱德詹巴希 (Nicholas Katzenbach)，在 1966 年 10 月就任後未能善用其職。「跨部會區域小組」於 1967 年中期獲得新的助力，與更加活躍的「資深跨部會小組」扮演國務卿與國安會的輔助與支援角色，特別是在減輕國家安全顧問與其幕僚關於跨部門協調與後續完成事項上的負擔。

通常總統的革新在任期結束後也跟著完結，其反應總統及顧問幕僚不同的觀點及管理模式。詹森政府的結束連帶使得幾項處理外交政策的調整也走入歷

史，如「星期二午餐會」、「預判式國安會議」及「資深跨部會小組／跨部會區域小組」組織。

美國國安會簡史

六、尼克森政府 (Nixon Administration, 1969-1974)

在尼克森總統任期,他與國務卿季辛吉兩人共同掌管美國外交政策之制定。如尼克森在其回憶錄中所說:「從任期一開始……我計畫從白宮主導外交政策,因此,我認為對於國家安全顧問的選定是重要的。」季辛吉經營國安會機制,並改造使其符合他及總統之目標與需求。總統與國家安全顧問的緊密關係是渠等實行美國領導全世界外交事務的基礎。國安會體系是美國在外交政策的空前活躍時期及季辛吉運用使其逐漸掌權的機制。季辛吉隨後寫道:「影響總統助理的最終分析幾乎全然來自總統的信心,而不是出自行政體系的安排」尼克森與辛季吉兩人發展出一個概念性架構可指導外交政策的制定。季辛吉的聰明才智、雄心壯志及與尼克森總統的屢次討論,是其在政府部門權力日增及其在所主導的國安會體系內權威不可挑戰的主要因素。

季辛吉所領導的國安會體系,尋求結合詹森及艾森豪時代國安會的特點,詹森時期白宮的「資深跨部會小組」由「國安會檢視小組」(NSC Review Group,與艾森豪時期國安會計畫小組相類似)和國安會副首長層級委員會所取代。季辛吉時期的國安會依賴「跨部會工作小組」(Interdepartmental Working Groups, IGs)來準備國安會的指令,評論者觀察表示每 10 次工作小組會議,會進行 1 次「資深跨部會小組」會議,而召開 1 次國安會議則需要先召集 5 次「資深跨部會小組」會議。

白宮主導外交政策意味著國務院及國務卿羅傑斯 (William Rogers) 的影響力消退。尼克森並不相信各部會,依季辛吉說法,尼克森選定毫無外交事務經驗的國務卿羅傑斯,顯示總統將掌管國安會與國務院間關係。在尼克森第一任期內,只有季辛吉參與尼克森與外國訪客的重要討論,尼克森將國務卿羅傑斯排除其參與 1969 年 2 月第一次與蘇聯大使多立寧 (Anatoly Dobrynin) 之會議,國安會也掌管重要政策電文發至

六 尼克森政府

海外站之保密程序。季辛吉與羅傑斯變成對手,具體的討論逐漸為行禮如儀的接觸所取代。

國安會與國務院的權力關係反映在制度的安排。在尼克森掌權以前的權力移轉階段,季辛吉建議國安會由次級委員會組織來支持政策草案的研究,可呈獻總統清楚的決策選項。國家安全顧問是檢視小組的主席,以審查各部會在總統所主持的國安會議中之各項提報資料,尼克森堅持廢除由國務卿主持的資深跨部會小組,這些建議併入《國家安全決策備忘錄 2》(NSDM 2) 中,並於 1969 年 1 月 20 日尼克森就職後隨即發出。《國家安全決策備忘錄 2》(NSDM 2) 理所當然被認定是季辛吉的勝利,並且有助於在尼克森政府初期建立他的外交政策權威。

季辛吉迅速建立其監控國安會的政策,他將幕僚由 12 員擴編至 34 員,此舉不僅為政策制定集中的核心,而且其觸角遍及整個官僚組織。以總統的名義,季辛吉律定國安會議程及發出多份《國家安全研究備忘錄》(National Security Study Memoranda, NSSM),

43

提出其對跨部會政策報告的明確需求。由副國務卿主持的國安會副首長委員會逐漸萎縮，在複雜的委員會組織建立前，季辛吉主持過 6 個相關的委員會：「資深檢視小組」（Senior Review Group，非危機與非武器管制事項）、「華盛頓特種行動小組」（Washington Special Actions，嚴重危機）、「確認委員會」（Verification Panel，武器管制協商）、「40 委員會」（40 Committee，祕密行動）、「情報委員會」（Intelligence Committee，情報體系之政策）及「國防計畫檢視委員會」（Defense Program Review Committee，達成外交政策目標的國防預算）。

尼克森越過國務院親自監督敏感協商，以防總統個人的意志為官僚爭論及緩慢行事所阻礙。總統明確表示希望國家安全顧問依其命令掌握重要事務。幾乎每一位駐美大使拜訪季辛吉至少一次，對於蘇聯大使多立寧，季辛吉維持一個特殊關係，其完全越過國務院與國務卿羅傑斯。季辛吉告知多氏與國務卿羅傑斯只需談論較次要的事務便可。季辛吉也與中共領導人

六 尼克森政府

周恩來及以色列大使瑞賓 (Rabin) 維持相似關係。

在執行作戰行動上，季辛吉依賴特別管制通信，中情局的通信作為其私下情資來源，所以國務院就被矇在鼓裡。季氏也運用白宮通信署 (White House Communication Agency)，包含使用特種飛機作為通信中心。無論是 1971 年在巴黎有關越南問題的談判、1973 年以後以、巴問題，以及與蘇聯促進高峰會的進展等，季辛吉是一位風塵僕僕的談判者，而國安會也是一個行動的體系，其執行祕書戴維斯 (Jeanne Davis) 藉由公文追蹤系統驅使國安會幕僚進入季辛吉前任者從未聽聞的電腦時代，這也促使戴維斯掌握機密的通信聯繫。

在尼克森因水門事件 (Watergate affair) 權力衰落的同時，進一步強化季辛吉的影響力。1973 年 9 月 22 日季辛吉取代羅傑斯成為國務卿，在美國歷史上首次由一人同時兼負國家安全顧問與國務卿的職務。

在此特殊情況下，季辛吉加強他作為政府主要外交政策顧問制度的基礎。然而季氏後來也承認，要融

合兩個職務是行不通的,當他是國務卿身分時,國務院的代表是其部屬;當他主持會議時,其部屬必須代表他的看法,否則,他將無法掌握所有跨部會的事務。季辛吉指出他是居於荒謬的位置上,既是迫使他的部門看法與主席(即季辛吉)一致,也使他自身與部屬漸行漸遠。

七、福特政府 (Ford Administration, 1974-1977)

福特總統於 1974 年 8 月就職，其在外交事務上是相對沒有經驗的，因此他幾乎完全依賴季辛吉的專業知識與建議。然而 1975 年間，社會大眾與國會對於外交政策的決策權力集中於一人之手相當反對，當福特政府於 1975 年 11 月 3 日進行局部改組，福特任命季辛吉在國安會之副手史考克羅夫特 (Brent Scowcroft) 中將為國家安全顧問。

季辛吉起初對於失去這一獨特、雙重的職務憤憤不平，然而其很快發現，就如其回憶錄所述，史氏的任命不可能降低其在福特政府的實際權力，因為其受福特總統信任並互動密切，史氏也不會主張與季辛吉牴觸的政策，季辛吉持續與史氏維持真誠的關係並經常交換看法。另一方面，史氏滿意以安靜及不干擾的方式運作，他嚴肅看待國安會的職責，對於呈報總統的資料是經過清楚的分析與選擇做出決策，他領導的

國安會是季辛吉的溫和版,其能配合國務卿作為總統首要外交政策顧問的角色。許多在季辛吉國安會時期積極進取的成員同樣調任國務院,讓史考克羅夫特改革其幕僚,反映出國安會與國務院的新關係。

八、卡特政府 (Carter Administration, 1977-1981)

卡特在其任期初始決定消除在尼克森及福特時期季辛吉對國安會的濫權，他相信季辛吉在其擔任國家安全顧問及國務卿任內擁有太多權力，並有效遮蔽總統建立具有見解的外交政策。卡特決心藉由加強與內閣官員的全面接觸，維持在決策過程中獲得大量訊息。他展望國安會的角色是政策的協調與研究，並重組國安會組織確保國家安全顧問只是外交政策過程中眾多參與者的其中一員。卡特選擇比澤金斯基 (Zbigniew Bizezinski) 擔任國家安全顧問，因其希望果斷的智者成為左右手，以提供日常建言及制定外交政策的指引。

卡特在任期開始時將國安會幕僚裁減一半，並使國安常設委員會的數目從 8 個降低為 2 個，一為「政策檢視委員會」(Policy Review Committee, PRC)，另一為「特別協調委員會」(Special Coordinating

Committee, SCC)，所有議題將透過兩會解決。「政策檢視委員會」置重點於大多為一個部會所管轄之特定議題，主席則由首要負責的部會首長輪值，大部分是由國務院擔任，而其成員也經常依情況擴充。

不同於「政策檢視委員會」，「特別協調委員會」一直都是由國家安全顧問擔任主席，卡特相信由國家安全顧問主持兩個委員會其中之一，可以防止國安會過度影響外交政策的決策。「特別協調委員會」負責跨數個部會所考慮的議題，包括監督情報活動、武器管制評估與危機處理；「特別協調委員會」在卡特任職期間，大部分時間都在處理「戰略武器管制談判」(Strategic Arms Limitation Talk, SALT)。

卡特總統更改在決策過程中之文件名稱，雖然國安會檢視的機制與前一任政府有些微不同；《總統檢視備忘錄》(Presidential Review Memorandum, PRM) 取代《國家安全研究備忘錄》(National Security Study Memorandum, NSSM)，而《總統指令》(Presidential Directive, PD) 取代《國家安全決策備忘錄》(National

八　卡特政府

Security Decision Memorandum, NSDM)。《總統檢視備忘錄》確認國安會研究主題,限定相關必須分析的問題,確定時限內必須完成的研究議程,以及指定國安會其中一個委員會肩負責任,例如所選訂的委員會為「政策檢視委員會」,其成員之一被指定為研究主席,研究主席指定任務編制工作小組以完成研究,而最後由責任委員會檢視(政策檢視委員會或特別協調委員會)。當委員會滿意研究併入有意義的選項及支持的辯論,其研究結論會以 2-3 頁的備忘錄呈交總統並成為《總統指令》的一個基礎。

　　國安會在卡特時期的實際運作與前幾任總統相比是相形鬆散的,國安會只舉行了 10 次正式會議,但尼克森與福特總統 8 年任期共舉行過 125 次會議。反之,卡特運用經常的非正式會議作為決策籌劃,「星期五早餐會」(Friday Breakfast) 即為典型,其參與者為副總統、國務卿、國防部長、國家安全顧問及首席內政顧問,總統依賴自由流通的想法,不受正式會議的限制,以增加做出完善決策的機會。

批評者主張卡特政府時期，國安會幕僚在特定議題方面是不足的，國安會因強調提供建言而影響其他功能的執行，特別是監督總統施政履行的職責。再者，總統某些針對武器管制的主要承諾，偏離了國家安全問題中廣泛外交政策選項的形式與執行。由於除了武器管制承諾，沒有任何清楚發展的外交政策原則，卡特經常根據當時所接收的建言而改變心意。

卡特喜好非正式及公開化，增加他接收見解的多樣性但也使決策過程更加複雜，例如，每星期五與副總統孟岱爾 (Mondale)、國務卿凡斯 (Vance)、國防部長布朗 (Brown)、布里辛斯基 (Brzezinski) 及一些白宮顧問共進早餐。這些會議沒有議程及正式記錄，導致有時對於實際同意的決策產生了不同詮釋，這也引發卡特任職期間最令人難堪的一段插曲，即美國必須撤回在聯合國關於以色列及耶路撒冷的投票。布里辛斯基安排自己與國務卿凡斯、國防部長布朗的每週午餐會 (weekly luncheons)，以準備國安會的討論並保有完整的記錄。布里辛斯基也每星期呈報總統有關外交

八 卡特政府

政策的主要工作與問題,以及對行動方案的建議。卡特總統欣賞這些報告並經常用其觀點寫下眉批,布里辛斯基及國安會就以這些總統眉批,作為國安會行動的準據。

在卡特政府開始初期,布里辛斯基成功說服卡特同意國家安全顧問擔任「特別協調委員會」(SCC) 主席,此意味布里辛斯基負有監督戰略武器管制談判的責任,這也成為卡特任內外交政策的一個重點。布里辛斯基武器管制的協調過程有助於他投入自身觀點於政府對蘇聯的政策中,因此從一開始,布里辛斯基確信新國安會的體制關係,將會保證其為外交政策形塑的主聲。布氏知道卡特不希望他成為季辛吉第二,也確信總統不要國務卿凡斯變成另一個杜勒斯,而會採用他提供的訊息作為主要外交政策的決策。

國務卿凡斯對於威脅降低國務院在武器管制角色的安排表示不悅,然而,「特別協調委員會」(SCC) 使武器管制運行相當平順。凡斯於 1977 年 3 月訪問莫斯科提議新的武器管制後,蘇聯領導階層立即表示反

對。「特別協調委員會」替美國在日內瓦舉行戰略武器管制的會談,闡述及修正武器管制提案。卡特總統細心監督特別協調委員會的工作,此委員會於 1977 年至 1979 年開會次數增加。總統個人對於戰略武器管制第二階段談判 (SALT II) 的承諾,最後克服國家安全顧問與國務卿兩者之基本差異,布里辛斯基想要將武器管制與其他安全議題連結,如政府承諾 MX 飛彈的發展及與中共 (People's Republic of China) 關係的正常化,然而,凡斯並不想將戰略武器管制談判與蘇聯其他活動連結。當與蘇聯在戰略武器管制第二階段談判即將成功時,國安會一個包含國務院代表的工作小組,在「維也納高峰會」(1979 年 6 月)議程中制定一項議題——卡特與布里茲涅夫 (Brezhnev) 簽署戰略武器管制第二階段條約,並討論其他雙邊與第三世界的議題。

　　布里辛斯基的權力在卡特時期逐漸擴展至行動領域,他逐步承擔起總統密使 (Presidential emissary) 的角色,例如,1978 年其前往北京推動美中兩國關係正

八 卡特政府

常化。布里辛斯基跟季辛吉一樣,也維持其與蘇聯大使多立寧的私人情誼,他以國安會幕僚透過狀況室掌握國務院電報的傳輸,如總統認為需要修正或進一步指示則傳回國務院。布氏也聘用私人新聞發言人,而他頻繁的新聞簡報及電視專訪,使得他成為家喻戶曉的人物,雖然沒有如季辛吉在尼克森總統時期一樣出名。

國安會在其他領域功能不彰,源於卡特總統任期最後幾年出現的明顯政策歧見,與他自身無能力約束底下顧問並在面對危機時做出一致回應,而非來自固有的制度缺陷。蘇聯於 1979 年 12 月入侵阿富汗進一步傷害布里辛斯基及凡斯的關係,凡斯覺得布里辛斯基將戰略武器管制談判、蘇聯其他議題、MX 飛彈相互連結,加上國內批評美國在戰略武器管制第二階段談判條約的聲浪,說服了布里茲涅夫決定軍事介入阿富汗。然而,布里辛斯基後來敘述其提議阿富汗維持獨立,但為國務院所反對。「國安會阿富汗工作小組」(NSC working group on Afghanistan) 針對 1979 年日益

惡化的情況寫了幾份報告,但卡特總統漠視這些報告。直到蘇聯入侵阿富汗粉碎其夢想,他才決定廢除戰略武器管制第二階段談判簽署,並開始執行布里辛斯基所提的反蘇聯政策。

伊朗革命 (Iranian Revolution) 造成兩人關係的最終決裂 (coup de grace)。當動亂發生時,兩人立場分歧加劇。布里辛斯基想要控制革命及建議盡快展開行動以防何梅尼 (Khomeini) 掌權,而凡斯則希望與何梅尼政權達成協議,最終導致卡特在伊朗事件的失敗。然而,布里辛斯基持續宣揚他的觀點,最後獲得總統的認同。凡斯於 1980 年 3 月,在其所反對美國人質救援行動失敗後引咎辭職,這也是布里辛斯基與凡斯兩人對峙的最後結果。

九、雷根政府 (Reagan Administration, 1981-1989)

就如同前任總統一樣,雷根政府面對決定哪一位官員或單位應該負主要責任來指導、掌握與監督美國外交政策的困境一再重現。在其 1980 年的競選中,雷根承諾降低國家安全顧問的位階,以結束讓前面幾任政府苦惱之國安會與國務院的爭端。在雷根就職日,指定國務卿海格 (Alexander Haig) 基於美國外交政策組織呈遞《國家安全決策指令》(National Security Decision Directive, NSDD) 給總統顧問梅西 (Edwin Meese III)。海格所提草案之目的是要將所有相關指導與執行的責任置於國務院之下,依其在尼克森政府的經驗,海格希望確保國務院掌控國安會內跨部會小組,因為它們是主要提供總統意見的單位,因此必須予以管制。

海格在一些場合也不斷強調其倡議,但並未引起迴響。白宮資深幕僚,如顧問梅西 (Meese)、幕僚長

57

貝克 (James A. Baker III) 及狄佛 (Michael Deaver) 憂心提議重組，會從總統手中移交出太多權力，而擁有太大權力的國務卿過分積極，可能使總統作為主要闡釋美國外交政策的大眾角色黯然失色。縱然海格的倡議失敗，國務院似乎掌握一段時期外交政策制定之深遠權力。總統讓國家安全顧問艾倫 (Richard Allen) 受顧問梅西監督，這也是美國國安會歷史上首次國家安全顧問無法直接接近總統。在後來的公開演說中，雷根強調國務卿是其外交事務主要顧問的信念，而在職務上他才是政府外交政策的主要規劃者及發言人。艾倫較無個人權威，擔任強調整合有關外交單位所提政策及觀點之國家安全顧問，他也沒有承擔任何政府外交政策的責任（此責任留給國務卿海格，因其一開始即認為自己是外交事務的代表人物）。

雷根總統就任初期國安會開始轉變。1981 年 2 月 25 日，由梅西所主持的內閣主要外交事務部會首腦會議，同意成立三個在外交、國防與情報問題的資深跨部會小組計畫 (Senior Interdepartmental Groups,

九 雷根政府

SIGs)，分別由國務卿、國防部長及中情局長主持。在跨部會資深小組之下，一系列助理部長層級跨部會小組 (Assistant Secretary-level Interdepartmental Groups, IGs)，由每一相關部門主持以處理特定議題，國安會幕僚的責任則是將相關任務分配給各小組。

成立新國安會機制在於期望改進部會間協調及減緩國務院、國防部及中情局的摩擦；其中一個失敗例子是雷根總統於 1981 年 3 月 24 日的命令，其任命副總統布希 (George Bush) 主持「政府危機處理小組」之提議，而國安會負責提供幕僚支持這一努力。此一危機處理小組即為「特別狀況小組」(Special Situation Group, SSG)，其於 1981 年 12 月 14 日獲得授權，但實際只開過一次會，國務卿海格立即還以顏色，並且強力抱怨特別狀況小組將其協調責任免除。

1981 年夏天另一項改善政策協調的努力，總統授權成立「國安計畫小組」(National Security Planning Group, NSPG)，由副總統、國務卿、國防部長、中情局長、參謀聯席會議主席及國家安全顧問組成。此一

小組每星期與總統會面一次,以在正式國安會召開前形成政策。

1982年1月,隨著國家安全顧問艾倫的辭職,總統任命其私人好友,國務次卿克拉克 (William Clark) 為新的國家安全顧問,也讓國安顧問的短暫權力弱化畫下句點。克拉克可以直接向總統報告而不用經過梅西或白宮三人小組中另外兩位成員貝克及狄佛,此一為艾倫任職時的模式。1982年1月雷根總統發出書面《第二號國家安全決策指令》(NSDD2),概述國安會的組織與功能。此一指令規定國家安全顧問諮詢國安會成員在發展、協調及監督國家安全政策之責任,其也分派國務卿權力與義務,對於外交政策形成以及行政部門單位於軍事外的海外相關活動給予全般指導、協調與監督跨部門活動事件。《第二號國家安全決策指令》(NSDD2) 解釋三個資深跨部會小組 (SIGs) 的功能,其指定國務卿為「資深跨部會外交政策小組」(Senior Interdepartmental Group for Foreign Policy, SIGFP) 主席及設立固定祕書處,由國務院人員組

九　雷根政府

成,如需要時,由國務卿向其他單位要求增加人員,以處理外交事務。

為協助「資深跨部會外交政策小組」(SIGFP),國務卿分別針對每一地理區、政軍事務及國際經濟事務,設立跨局／署／處小組 (Interagency Groups, IGs),再由其依次成立全職的工作小組。另外兩個資深跨部會小組依相同組織由國防部長及中情局長領導。在後來的五年中,雷根政府在國安會體系設立額外的 22 個資深跨部會小組及 55 個跨局／署／處小組,其中有些委員會僅召開過一次會議。觀察家指出資深跨部會小組遭過度濫用,以及重重的責任重擔迫使負責進取的國安會官員,如諾斯上校 (Colonel Oliver North) 在決策體系中發展他們的次級團體;布里辛斯基則形容國安會在雷根總統任內進入它的「中年危機」(Mid-life Crisis)。

克拉克在協調各單位如情報及機密安全資料保護政策上扮演一個非常積極的角色,他更換為數不少的資深國安會幕僚及重組其辦公崗位以成立三個小組

61

(cluster)，分別處理政治、軍事與情報事務。克拉克最初為雷根政府外交政策的主要發言人，特別是在與國會關係上。他公開強調雷根總統所申明之政策，國務卿是外交策略主要的「規劃及闡釋者」(formulator and enunciator of foreign policy)。然而，克拉克同時強調，必須讓大眾了解總統為外交事務的「最後仲裁者」(final arbiter)。他也聲明國安會幕僚對於長程政策檢視也具管轄權，此權利之前是屬於國務院的功能。

克拉克所領導的國安會體系並沒有解決協調的問題，國務院及國安會的摩擦持續發生，並且在政府應對1982年春天的黎巴嫩危機 (Lebanon Crisis) 所引起以色列入侵的激烈辯議中達到頂點。這些爭論導致1982年6月25日國務卿海格的辭職，而雷根總統任命舒茲 (George P. Shultz) 為新任國務卿。在七月的聽證會中，舒茲強調總統制定政策的主要角色及強調雷根政府形成政策的聯合領導本質。舒茲也參考《第二號國家安全決策指令》 (National Security Decision Directive, NSDD2) 中所擬定的權力分配，作為自身責

九 雷根政府

任與權力的來源。

諷刺的是,解決國務卿權威範圍之道雖顯而易見,卻因外交事務領域活動持續增加而受阻。國安會經常與國務院對於美國日常外交關係問題意見不一,一個觀察家稱國安會為「喧鬧的場所」(a beehive of activity)。由國安會所主導的小組從國務院主導的小組 (SAG/G) 手中接管武器管制的責任,以及採強硬談判立場,以迎合「武器管制暨裁軍總署」(Arms Control and Disarmament Agency, ACDA) 署長伊柯爾 (Fred Ikle) 及國防部的派爾 (Richard Perle)。1983 年 7 月副國家安全顧問麥可法蘭 (Robert Mcfarlane) 取代哈賓 (Philip C. Habib) 成為美國中東地區首席談判代表,並且國家安全顧問變成直接涉入外交政策的運作,這也使得國安會體系的運作產生了主要改變。

1983 年 10 月麥可法蘭取代克拉克成為國家安全顧問,海軍上將博音戴克斯特 (John Poindexter) 為其副手。新任國家安全顧問兼具軍事及外交事務經驗,維持克拉克擔任國家安全顧問所發展的組織改革,麥

可法蘭扮演一個非常積極的角色企圖調和部會間的爭議。雖然其缺乏克拉克與總統間的私人情誼，但是與總統的直接互動持續進行著。在麥可法蘭任期中，國家安全顧問從以前退居幕後說明公共政策的高姿態，而變得更直接涉入處理主要區域的外交政策。

1985及1986年間，國家安全顧問及特定幕僚對於加勒比海、中美洲及中東等地政策的制定與執行，扮演積極行動的角色。這波行動對「伊朗門事件」(Iran-Contra)產生的強烈發酵，致使民眾對國安會的信任跌到谷底，國會介入調查，而相關涉案人員可能因此遭受牢獄之災。「伊朗門事件」源自國安會與伊朗的友好條約，並提供其武器以換取共同抵抗蘇聯，特別是協助解救為中東回教激進團體所囚的美國人質；國家安全顧問麥可法蘭及隨後於1985年12月繼任的海軍上將博音戴克斯特，在此事件上擔任主要角色。以軍備交換人質的計畫，最終牽扯出國安會幕僚在內戰時透過轉用軍售收入，全力支援尼加拉瓜反政府武裝部隊對抗其左翼當局。在1987年的調查及之後「總

九　雷根政府

統檢視委員會」(Presidential Review Board，又稱 Tower Board 陶爾委員會)、「國會及特別檢察官」(Special Prosecutor)，大量調查國安會幕僚的活動，以及總統、國家安全顧問及各部門首長的行為及責任。

「陶爾委員會」(Tower Board)，是由參議員陶爾 (John Tower) 所領導，包含前參議員穆斯基 (Edmund Muskie) 及前國家安全顧問史考克羅夫特 (Brent Scowcroft)，渠等不只檢視「伊朗門事件」，而且給予改革國安會的主要建議。1987 年 3 月 31 日《國家安全決策指令 266 號》(NSDD 266) 採用「陶爾委員會」的主要建議：降低幕僚規模、任命法律顧問、解除危機先前計畫小組及以「陶爾委員會」取代「政策檢視委員會」。此一改革的精神是讓 1987 年 11 月雷根總統所任命之新國安會在領導統御上有更大的空間，包括國家安全顧問卡路奇 (Frank Carlucci) 及副國家安全顧問鮑威爾 (Colin Powell) 中將；卡路奇在三個月內更換超過半數之專業幕僚以改革國安會，並將國安會撤離作戰角色，但在尼加拉瓜事件上，國安會不假手

其他部門持續執行協調事宜。

　　1988 年秋天，卡路奇 (Carlucci) 被調至國防部繼任溫伯格 (Caspar Weinberger) 的國防部長一職，這也是雷根總統任內 6 次任命中，第 3 次任命國家安全顧問的職務。雷根提拔副國家安全顧問鮑威爾將軍 (General Powell) 領導國安會，以致力將均衡協調的主要外交政策獻給總統。博音戴克斯特管理「政策檢視小組」及「國家安全計畫小組」，以利其準備國安會的討論，而鮑威爾指導國安會的過程具有效率但低調行事，從此國安會不再有傭兵。在鮑威爾指揮下，總統及其主要顧問平安度過 1987-1988 年波灣危機 (Persian Gulf Crisis)、1988 年尼加拉瓜反政府部隊內戰 (Nicaraguan Contra) 態勢減緩、1988 年 6 月「莫斯科高峰會」雷根─戈巴契夫的關係攀上高峰，這也是觀察家認為最平順的一段時間。

十、布希政府 (Bush Administration, 1989-1992)

擔任 8 年副總統期間並參與雷根時期重大的外交事務事件，布希總統 (George Bush) 對於卡路奇及鮑威爾改革的國安會做了許多改變。在 1989 年 1 月 20 日就職典禮，布希總統發布《國家安全指令 1 號》(National Security Directive, NSD 1) 授予國安會特權。「政策檢視小組」擴編為委員會，副國家安全顧問負責部會副首長所組成的委員會，而一個主要委員會則監督國安會所考量的事務。八個政策協調委員會肩負區域及功能的責任，以取代雷根時期的多重跨部會小組。國安會政策文件又名《國家安全檢視文件》(National Security Review Papers, NSRs) 與《國家安全指令》(National Security Directives, NSDs)，以區隔雷根時期的文件。

布希總統將豐富經驗用於領導國安會，任命史考克羅夫特 (Brent Scrowcroft) 將軍擔任國家安全顧

問。史考克羅夫特曾在季辛吉時期服務，並在福特總統任期最後一年擔任國家安全顧問，也主持總統委員會調查「伊朗門事件」的醜聞。蓋茲 (Robert Gates) 在史考克羅夫特帳下擔任副國家安全顧問，直到 1991 年其被任命為中情局長。史考克羅夫特所領導的國安會以非正式為特點，但其與總統維持緊密關係；國安會也與其他部門維持良好關係，國務卿貝克 (Baker) 與史考克羅夫特顯然維持最佳工作夥伴關係，在蘇聯解體、德國統一、1989 年 12 月出兵巴拿馬的「正義之戰」(Operation Just Cause)、「沙漠之盾」及「沙漠風暴」(Operation Desert Shield and Desert Storm)，國安會有效促成許多美國外交政策的成功。史考克羅夫特與副國務卿伊科伯格 (Eagleburger) 參與許多主要行動都大獲成功，伊科伯格在天安門事件餘波後，於 1989 年 7 月訪問中國以修補中美關係。

十一、柯林頓政府 (Clinton Administration, 1993-1997)

柯林頓 (William J. Clinton) 於 1993 年 1 月 20 日就職當天,發布關於國家安全事務之《總統決策指令 1 號》(Presidential Decision Directive, PDD,總統決策指令) 予各部會及各局/署/處,此指令修正並重新命名國安會的工作架構。《總統檢視指令》(Presidential Review Directive, PRD) 是新政府用來指導特別檢視及從事各部會及各局/署/處分析工作的機制。《總統決策指令》現在可用於宣達總統對於國家安全事務的決策,布希總統時期之《國家安全檢視》(National Security Review, NSR) 及《國家安全指令》(National Security Directive, NSD) 同時作廢。

1993 年 1 月 21 日在《總統決策指令 2 號》(PDD) 中,柯林頓總統批准國安會決策體系擴編國安會成員,同時包含在國家安全政策形成上大力強調經濟議題。總統、副總統、國務卿及國防部長依法是國安會

指定成員,中情局長、參謀聯席會議主席身為國安會法定顧問參與會議。國安會的新成員包括下列官員:財政部長、美國駐聯合國代表、總統國家安全事務助理、總統經濟政策助理及總統幕僚長;司法部長雖然不是成員,但如涉及其管轄事項亦會受邀參與會議。其他行政部會首長、國安會的特別法律顧問及其他資深官員,也會在適當時受邀參與國安會議。

總統經濟政策助理這一個新職務,在柯林頓總統競選時即已承諾,其透過新成立的「國家經濟委員會」(National Economic Council, NEC),作為協調國內外經濟政策的資深經濟顧問,魯賓 (Robert E. Rubin) 是首位經濟政策助理。「國家經濟委員會」是處理國內外經濟議題,其方式與國安會協調外交及安全議題頗相似,會議如與國際經濟議題有關時,總統經濟政策助理也將受邀參與此會。

1993 年 1 月柯林頓總統任命雷克 (W. Anthony Lake) 為國家安全顧問,渠曾為外交事務官員,在季辛吉擔任尼克森總統國家安全顧問時曾在其帳下服

十一 柯林頓政府

務,也曾在卡特總統時期接掌「國務院政策計畫」幕僚主任。在卡特總統時期,雷克親眼見識官僚體系國務卿凡斯及國家安全顧問布里辛斯基的內鬥及爭吵所帶來的負面影響。身為柯林頓總統的國家安全顧問,雷克積極維持其與國務卿克里斯多福 (Warren M. Christopher) 之友好關係,以及發展合作與共同領導的氛圍。雷克初期維持低調並避免在大眾面前露臉及接受電視訪問,其更不想如尼克森時期季辛吉般出風頭。然而,1993 年 9 月在回應柯林頓政府並未適當解釋其外交政策的批評時,雷克開始跳上第一線做政策說明。

國安會在柯林頓總統時期的架構包括一個主要委員會、一個不用總統參與可使部會首長、階層官員討論及解決議題的論壇、一個國安會副主管階層委員會作為資深次內閣局/署/處之論壇,以考量影響國家安全政策議題,與檢視及監督國安會跨部會工作的過程。此過程包括「跨部會工作小組」(Interagency Working Groups, IWGs),其定期召集檢視及協調完成

個別政策領域之總統決策。在柯林頓總統任期第一年，國安會處理最緊急的議題包括：波士尼亞、海地、伊拉克及索馬利亞。柯林頓政府第一年國安會所處理的其他數十件議題包含：非法毒品、聯合國維和行動、薩伊、戰略武器管制政策、中國及全球環境事務等。

伯格 (Samuel R. Berger) 擔任柯林頓總統外交政策顧問一段很長的時間，渠自 1993 年即擔任雷克副手，1997 年 3 月正式成為外交政策顧問，早在柯林頓提名雷克接任中情局長之前（後來雷克退出提名）。伯格開始實施引導柯林頓第二任期外交政策檢視的原則，這些包括不激起與俄羅斯緊張關係的東西歐合併、促進更開放的貿易、加強對於跨國威脅，如恐怖主義及麻醉藥品的防衛、藉由追求與中國貿易合作及避免人權議題的對立上，促進一個堅強及穩定的「亞太社群」(Asian Pacific Community)。1997 年春夏兩季，國安會承攬簽署了《化武條約》(Chemical Weapons Treaty)、「北大西洋公約組織」(North Atlantic Treaty Organization) 的擴大、「中東和平進程」(Middle East

十一　柯林頓政府

Peace Process)、「美—俄赫爾辛基高峰會」(U.S.-Russian Summit at Helsinki),以及「丹佛經濟高峰會」(Denver Economic Summit) 等議題。

美國國務院

歷史辦公室

1997 年 8 月

美國國安會簡史

附錄 總統國家安全事務助理 (1953-1997)

艾森豪總統為回應卡特勒在國安會組織的報告,遂於 1953 年 3 月 23 日成立此一職務。

卡特勒 (Robert Cutler)
　　1953 年 3 月 23 日-1955 年 4 月 2 日
安德森 (Dillon Anderson)
　　1955 年 4 月 2 日-1956 年 9 月 1 日
卡特勒 (Robert Cutler)
　　1957 年 1 月 7 日-1958 年 6 月 24 日
葛雷 (Gordon Gray)
　　1958 年 6 月 24 日-1961 年 1 月 13 日
邦迪 (McGeorge Bundy)
　　1961 年 1 月 20 日-1966 年 2 月 28 日
羅斯托 (Walt W. Rostow)
　　1966 年 4 月 1 日-1968 年 12 月 2 日
季辛吉 (Henry A. Kissinger)
　　1968 年 12 月 2 日-1975 年 11 月 3 日
　　(自 1973 年 9 月 21 日同時擔任國務卿職務)
史考克羅夫特 (Brent Scowcroft)
　　1975 年 11 月 3 日-1977 年 1 月 20 日
布里辛斯基 (Zbigniew Brzezinski)
　　1977 年 1 月 20 日-1981 年 1 月 21 日

艾倫 (Richard V. Allen)
　　1981年1月21日-1982年1月4日
克拉克 (William P. Clark)
　　1982年1月4日-1983年10月17日
麥可法蘭 (Robert C. Mcfarlane)
　　1983年10月17日-1985年12月4日
博音戴克斯特 (John M. Poindexter)
　　1985年12月4日-1986年11月25日
卡路奇 (Frank C. Carlucci)
　　1986年12月2日-1987年11月23日
鮑威爾 (Colin L. Powell)
　　1987年11月23日-1989年1月20日
史考克羅夫特 (Brent Scrowcroft)
　　1989年1月20日-1993年1月20日
雷克 (W. Anthony Lake)
　　1993年1月20日-1997年3月14日
伯格 (Samuel R. Berger)
　　1997年3月14日-2001年1月20日

附錄　總統國家安全事務助理

國家圖書館出版品預行編目資料

美國國安會簡史／曹雄源譯著 -- 初版 - 新北市：
Airiti Press, 2012.02
　　面；公分

ISBN　978-986-6286-38-4（平裝）

1. 美國國家安全委員會　2. 美國政府　3. 美國史

574.52　　　　　　　　　　　　　100006334

美國國安會簡史

譯著／曹雄源
出版單位／Airiti Press Inc.
主編／古曉凌
執行編輯／鄭家文
封面編輯／李瑩玲
發行單位／Airiti Press Inc.
　　　　　新北市永和區成功路一段80號18樓
訂購方式／華藝數位股份有限公司
　　　　　戶名：華藝數位股份有限公司
　　　　　銀行：國泰世華銀行　中和分行
　　　　　帳號：045039022102
　　　　　電話：(02)2926-6006
　　　　　傳真：(02)2231-7711
　　　　　服務信箱：press@airiti.com
法律顧問／立暘法律事務所　歐宇倫律師
ISBN／978-986-6286-38-4
出版日期／2012年2月初版
定價／新台幣150元

版權所有・翻印必究　　Printed in Taiwan